LinkedIn Marketing

Come usare LinkedIn per generare lead B2B per la vendita di prodotti o servizi.

Introduzione

Generare lead e vendite B2B è decisamente più difficile rispetto alla controparte B2C.
Ci troviamo, infatti, di fronte a difficoltà che non abbiamo nel mondo della vendita ai consumatori.

La promozione B2B dev'essere più mirata e colpire con precisione le aziende che possono essere interessate al nostro servizio.
Non solo: è anche indispensabile entrare in contatto con la persona giusta: in molte aziende medie o grandi, infatti, la divisione dei compiti è tale che, mettersi in contatto con la persona sbagliata all'interno dell'azienda equivale a non contattare nessuno. Il nostro messaggio, classificato come una delle tante offerte promozionali che l'azienda riceve ogni giorno, non sarà mai inoltrato alla persona giusta.

E' indispensabile scrivere un messaggio in grado di attirare l'attenzione e inviarlo alla persona giusta, all'interno dell'azienda giusta.

In questo breve manuale vedremo come redarre un messaggio di vendita in grado di stimolare la curiosità del potenziale cliente e massimizzare le risposte e l'interesse.

Vedremo poi come pianificare i follow up, come trovare le giuste persone da contattare e, infine, come possiamo automatizzare l'intero processo di generazione dei lead per poterci dedicare alla vendita!

Indice

Introduzione 2
Indice 4
L'account LinkedIn 5
   Sei un freelancer? Ecco cosa cambia 7
   (Non) condividere contenuto 8
Creare il target 10
   Trovare le persone su LinkedIn 13
Contattare i clienti 15
   Tecnica di vendita per alte conversioni 17
   Follow up 19
Automatizzare il processo 21

L'account LinkedIn

Prima di iniziare dobbiamo pensare a "sistemare" il nostro account.
Siccome quello che faremo è contattare direttamente i nostri potenziali clienti, è fondamentale che la nostra pagina personale sia aggiornata e coerente con la nostra proposta.

I campi più importanti sono ovviamente la posizione lavorativa e il sommario, ovvero la breve descrizione che comparirà sempre sotto al nostro nome – anche fuori dal nostro profilo!

Procediamo quindi ad aggiornare il sommario con il nostro titolo lavorativo e l'azienda. Se lavoriamo in una piccola realtà, evitiamo titoli come "Sales Representative"; quando possibile, poniamoci come consulenti e non come venditori, per evitare che una parte dei clienti possa essere prevenuta sul nostro conto.

E' fondamentale quindi aggiornare la nostra esperienza lavorativa. La cosa importante è che il nome, il logo e la descrizione della nostra azienda siano completi e chiari.

Per avere il logo aziendale è indispensabile creare la pagina dell'azienda su LinkedIn, per poi impostare un logo alla pagina – e preferibilmente, anche una descrizione.
Questa pagina sarà collegata a tutte le persone che lavorano presso l'azienda, quindi risulterà un collegamento utile anche in futuro!

Per farlo è necessario cliccare, in alto a destra, sull'icona **Prodotti** per poi selezionare **Crea una pagina aziendale**.

Sei un freelancer? Ecco cosa cambia

Se lavori come freelancer non diventa importante solo il tuo impiego attuale. Chi valuterà il tuo servizio, infatti, potrebbe cercare nello storico delle tue esperienze lavorative alcune conferme sulle tue abilità. Cura con particolare attenzione quindi questa sezione, non solo descrivendo te stesso e la tua azienda, ma anche i ruoli che hai svolto in passato come dipendente, evidenziando progetti a cui hai partecipato e obiettivi raggiunti.

Se hai un profilo da freelancer, è anche molto importante curare la sezione delle competenze: chiedi a amici, colleghi e persone con cui hai lavorato in passato di confermare le tue competenze professionali su LinkedIn, e mantienile aggiornate con nuove tecnologie o nuovi software che le aziende clienti potrebbero cercare.

(Non) condividere contenuto

Ciò che viene spesso consigliato per il LinkedIn Marketing è la condivisone di contenuto interessante e inerente al proprio ambito lavorativo.

Questa attività, sicuramente utile, è anche onerosa, perché ci richiede di produrre articoli o testi quotidianamente.

Personalmente, il mio consiglio è che, in buona parte dei casi, i benefici non giustifichino l'effort richiesto per questo tipo di attività.

Quello che andremo a fare è collegarci direttamente con i nostri potenziali clienti e proporci via messaggio privato. Condividere i risultati del nostro lavoro può essere utile e interessante, ma difficilmente questi articoli saranno poi letti dalle persone nel nostro target.

Il contatto diretto, decisamente più invasivo, ci garantisce uno spazio di attenzione da parte del potenziale cliente che è poco influenzato, quindi, da questa attività.

Creare il target

E' ora il momento di capire chi è il nostro target. A chi stiamo vendendo?

Nel 90% dei casi, lo sappiamo già.

- Se siamo fornitori di prodotti necessari per il processo produttivo, il target saranno i direttori agli acquisti
- Se vendiamo servizi promozionali o pubblicitari, possiamo identificare i manager alla comunicazione o al marketing
- Se offriamo servizi tecnici possiamo proporci ad un team leader o operations manager
- Se cerchiamo lavoro, targhettiziamo chi si occupa di risorse umane

In generale, quindi, per qualsiasi tipo di servizi offriamo, dobbiamo definire quale sarà il ruolo della persona

all'interno dell'azienda in grado di valutare la nostra proposta.
Non deve necessariamente essere il ruolo più alto: potremmo pensare facilmente di raggiungere il CEO, che poi ci metterà in contatto con la persona giusta.

La realtà è che, di ciò che vogliamo fare noi, difficilmente interessa alle altre persone. Quindi, se raggiungiamo con precisione la persona interessata e proponiamo un servizio che le serve per raggiungere i propri obiettivi, va bene.
Altrimenti, l'efficacia del nostro lavoro di acquisizione clienti sarà molto limitata.

Ultimo aspetto, non meno importante, è la posizione geografica del nostro cliente.
In base al servizio che vogliamo proporre, infatti, potremmo non essere

in grado di lavorare in tutto il mondo. Ciò che offriamo può avere senso solamente in Italia, o solamente a livello provinciale o comunale.

Mentre un freelancer che si occupa di web design può lavorare in giro per il mondo, un'azienda di pulizie deve necessariamente trovare clienti in loco!

Trovare le persone su LinkedIn
In pratica, però, come agiamo?

Accediamo su LinkedIn e clicchiamo nell'area di ricerca. Selezioniamo poi la voce **Persone** e saremo portati ad una pagina di ricerca avanzata.

Clicchiamo ora su **Tutti i filtri**.
Le voci che ci interessano sono le seguenti:

- **Qualifica**
  Ci permette di stabilire il ruolo della persona all'interno dell'azienda, come abbiamo visto poco prima. Nel campo qualifica scriviamo quindi, ad esempio, "direttore acquisti".

- **Località**
  Ci serve per definire dove dovrà essere situata, geograficamente, l'azienda cliente.

Le altre opzioni che LinkedIn ci mette a disposizione possono essere utili in casi particolari, ma molto spesso è sufficiente utilizzare queste due opzioni per avere un target ampio e ben definito.

Contattare i clienti

Ora che il nostro profilo si presenta bene, è il momento di passare all'azione.
Sappiamo con precisione chi contattare.
In questo capitolo vediamo infine come agire per massimizzare la probabilità di suscitare interesse nel nostro prodotto da parte dei nostri contatti.

Cosa possiamo aspettarci?
Ovviamente la probabilità di contattare la persona giusta al momento giusto non è molto alta. Un tasso di conversione dal contatto alla vendita è difficile da stabilire perché dipende dal settore, ma generalmente sarà inferiore all'1-5%.

Questo comunque non deve scoraggiarci: è solo questione di numeri. Se sappiamo che contattare 100 persone ci porta 5 clienti, è automatico capire quanti contatti dobbiamo avere per raggiungere un determinato obiettivo mensile.

In questo caso, inoltre, può venirci in aiuto il capitolo seguente, che parla di come automatizzare l'intero processo di vendita.

Iniziamo dalla pagina di ricerca che abbiamo raggiunto poco fa. Dopo aver cliccato su un profilo dei nostri potenziali clienti, aggiungiamolo ai collegamenti.

Stiamo attenti: LinkedIn ci darà la possibilità di inviare un messaggio contestualmente all'invito. Si tratta di un'opzione molto utile che ci permette di spiegare brevemente chi siamo e perché stiamo chiedendo il collegamento.

In questo campo, scriviamo una descrizione breve e veloce. Non deve per forza essere completa ed esaustiva, ma solamente suscitare l'interesse e far pensare, anche lontanamente, di poter offrire qualcosa di utile.

Possiamo anche specificare la nostra posizione geografica, se rilevante, per creare un punto in comune tra noi e il potenziale cliente.

Follow up

Molto raramente il cliente risponderà al messaggio allegato alla richiesta di collegamento.

Sarà quindi necessario organizzare alcuni follow-up. Dopo che ha accettato il collegamento – senza fretta, possiamo scrivergli nuovamente ringraziandolo per averci accettati e spiegando, più nel dettaglio, la proposta che vorremmo fare.

Non perdiamoci parlando della nostra azienda, della sua storicità, degli achievements. Queste informazioni devono essere già disponibili pubblicamente nel nostro profilo.

Diamo sempre per scontato che il nostro interlocutore non abbia tempo per ascoltarci: noi stiamo chiedendo di considerare la nostra proposta, e dobbiamo farlo in modo efficace e diretto.

Se la nostra proposta dovesse catturare l'interesse, allora la situazione si ribalterà. Sarà direttamente il potenziale cliente a chiederci maggiori informazioni, investendo tempo nella conversazione e nell'approfondire i nostri servizi.

In questo caso, ci troviamo in una posizione vantaggiosa: più la conversazione risulta interessante per il cliente, infatti, e più lui sarà coinvolto e disposto ad ascoltarci.

Infine, non dobbiamo interpretare nel modo negativo il disinteresse del cliente nella nostra proposta: potrebbe essere di fretta o non essere interessato al momento. Possiamo comunque effettuare dei follow up a distanza di tempo per capire se il servizio sarà utile in futuro, o addirittura chiedere quando sarà possibile sentirsi nuovamente.

Automatizzare il processo

Per automatizzare il processo di vendita su LinkedIn è possibile utilizzare un tool specifico chiamato LinkMe Tool.

Il software era disponibile su linkmetool.com ma non è più attivo. Potete comunque richiederne una copia su francescocrema.it/linkmetool.

Dopo aver scaricato e installato il software su Google Chrome, sarà possibile creare delle campagne di vendita su LinkedIn.

Il processo che LinkMeTool segue è:
1. Creazione del pubblico in target tramite la ricerca su LinkedIn
2. Aggiunta dei potenziali clienti ai contatti, con un messaggio di invito personalizzato
3. Invio di una serie di messaggi ad-hoc, che possono essere

personalizzati in base al singolo cliente che stiamo contattando.

LinkMeTool è disponibile in una versione gratuita che permette di contattare fino a 5 persone al giorno, mentre la versione PRO dal prezzo di 14$ al mese ci permette di arrivare a 100 contatti al giorno.

Creiamo una campagna cliccando su **Create Campaign**. Inseriamo ora un nome – che resterà interno e non risulterà visibile ai nostri contatti.

Dopodichè, nel prossimo step, saremo in grado di stabilire i messaggi da u

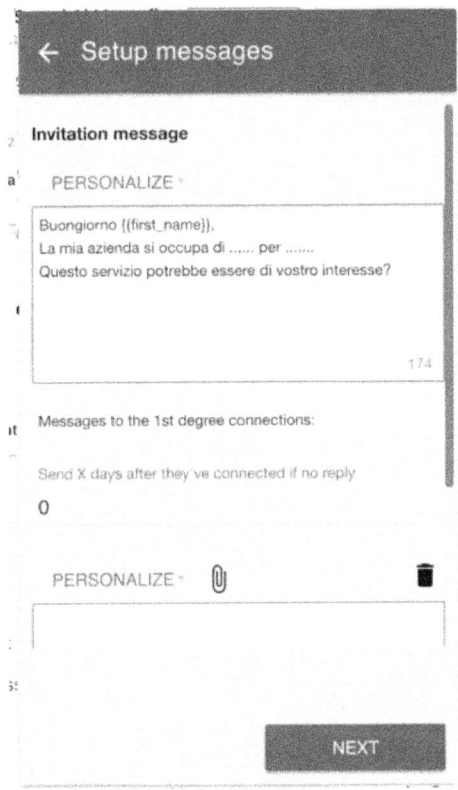

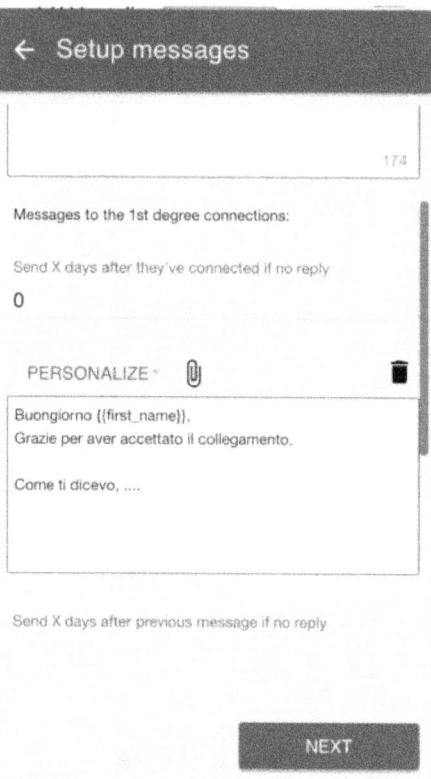

Disclaimer

Tutti i marchi registrati e loghi citati in questo libro, incluso Amazon, appartengono ai rispettivi proprietari.
L'autore di questo libro non pretende né dichiara alcun diritto su questi marchi, che sono citati solamente a scopi didattici.

www.ingramcontent.com/pod-product-compliance
Lightning Source LLC
Chambersburg PA
CBHW070945220526
45469CB00007B/2531